VENTE
Du 30 Novembre 1908
EL DROUOT, SALLE N° 7
à 2 heures précises

Dessins, Tableaux

GRAVURES

Anciens et Modernes

COMMISSAIRE-PRISEUR
Me ANDRÉ DESVOUGES
Successeur de M. Maurice DELESTRE
26, rue Grange-Batelière

EXPERTS
M. LOUIS BIHN
61, rue La Boëtie, 61
Assisté de son Fils
PAUL BIHN

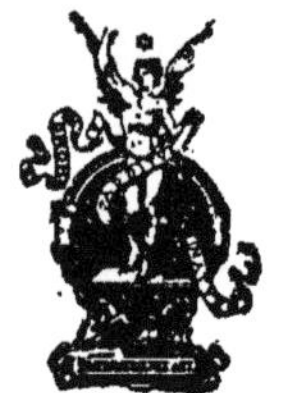

CATALOGUE

DES

Dessins, Tableaux

GRAVURES

ANCIENS ET MODERNES

Dont la vente aux enchères publiques aura lieu

HOTEL DROUOT, SALLE N° 7

LE LUNDI 30 NOVEMBRE 1908

à deux heures précises

COMMISSAIRE-PRISEUR

Me ANDRÉ DESVOUGES, 26, rue de la Grange-Batelière

Successeur de M. MAURICE DELESTRE

EXPERT

M. LOUIS BIHN, 61, rue La Boëtie

Assisté de son fils **PAUL BIHN**

CONDITIONS DE LA VENTE

La vente sera faite au comptant.

Les adjudicataires paieront *dix pour cent* en sus des enchères.

L'expert remplira, aux conditions d'usage, les commissions que voudraient lui confier les amateurs ne pouvant assister à la vente.

Les amateurs pourront visiter chez l'expert, quelques jours avant la vente.

Paris. — Imprimerie de l'Art, Ch. Berger, 41, rue de la Victoire.

DÉSIGNATION

DESSINS, TABLEAUX

ACHARD (J.)

1 — Paysages. — Deux panneaux faisant pendants, signés. — Haut., 35 cent.; larg., 26 cent.

DEFAGES

2 — La Fontaine rustique : Paysage du genre d'H. Robert. — Aquarelle, signée et datée.

DIVERS

3 — Lot fort intéressant de onze dessins et aquarelles, représentant des fleurs.

4 — Scènes d'intérieur. Six pièces, quelques-unes rehaussées d'aquarelle.

5 — Paysages. — Différents dessins et aquarelles par un artiste russe. Neuf pièces.

6 — Lot similaire au précédent. Cinq pièces.

7 — Lot de dessins par différents artistes. — Scènes d'intérieurs, etc. Neuf pièces.

8 — Vernet. Ruines au bord de la mer, grisaille. — La Joie au corps de garde. — Un dessin, signé de Troy, etc. Sept pièces.

DIVERS

9 — Vues du Colisée. — Vues d'Italie. — Étude de voiture, etc. Seize pièces.

10 — Onze dessins de différentes Écoles.

11 — Lot fort intéressant, contenant quarante pièces : aquarelles et sanguines.

12 — Quarante-deux dessins et aquarelles.

13 — École Italienne, etc. Dix pièces.

ÉCOLE ANGLAISE

14 — Cinq lavis au bistre et une aquarelle destinés à illustrer une histoire de la Mythologie, par CHALON et CRISTALL.

ÉCOLE FRANÇAISE (XVIIIe siècle)

15 — Le Vendangeur entreprenant. — Toile. Haut., 25 cent.; larg., 33 cent.

16 — Le Concert agréable. — Toile. Haut., 80 cent.; larg., 63 cent.

ÉCOLE FRANÇAISE

17 — Jeune Femme cueillant un fruit. Joli dessin à plusieurs crayons. Encadré.

ÉCOLE HOLLANDAISE

18 — Le Fumeur. — Panneau. Haut., 19 cent.; larg., 17 cent.

19 — Les Cinq Sens. — Cinq panneaux. Haut., 32 cent.; larg., 23 cent.

ÉCOLE ITALIENNE (XVIIe siècle)

20 — Combat naval : combat de galères turques contre des vaisseaux de hauts bords. — Toile. Haut., 70 cent.; larg., 1 mètre.

GREUZE (?)

21 — Le Repentir. — Dessin, lavis à la sanguine. Encadré.

GREVEDON (D'après)

22 — Portraits de Femmes. — Deux très belles aquarelles.

HEINZ

23 — Au Bord de l'eau. — Panneau signé. Haut., 55 cent.; larg., 38 cent.

JOAILLERIE

24 — Portefeuille contenant environ deux cents dessins : modèles de broches, boucles d'oreilles, épingles à chapeaux, etc.

KLEIN (J.-A.)

25 — Vues. — Paysages. — Scènes de mœurs. Huit dessins à la plume.

MYÉRIS (École de)

26 — Le Marchand de poisson hollandais. — Panneau. Haut., 30 cent.; larg., 24 cent.

NEUVILLE (A. de)

27 — Danse de Peaux-Rouges. — Peinture originale sur bois.

ORNEMENTS

28 — Cariatides. — Mascarons. — Projet de tombeau, etc. Cinq dessins en sanguine ou à la sépia.

29 — Douze dessins originaux à la sanguine et à la sépia, du XVIIIe siècle.

30 — Projet de bateau, par Van de Velde. — Intérieur d'édifice religieux, etc. Six pièces.

31 — Projets de fontaines. — Deux dessins à la plume signés : *J. Vernet.*

32 — Vase. — Cartouche. — Cul-de-lampe, etc. Cinq pièces. École française du XVIIIe siècle.

PAILLON (A.)

33 — Rue de village. — Toile signée, datée: *1900.*

ROBERT (Hubert) (?)

34 — Diogène, vue d'une fontaine antique. — Aquarelle signée. Cadre ancien doré.

ROSSET

35 — Paysage : Jeune fille regardant brouter une chèvre. — Aquarelle signée. Encadrée.

ROWLANDSON

36 — Les Amants surpris. — L'Escalier. — Deux aquarelles.

37 — L'Embarquement. — Le Vieux Beau. — Deux aquarelles.

ROY

38 — Sous bois. — Toile signée. Haut., 65 cent.; larg., 55 cent.

SCHÉRER

39 — Les Saisons. — Les Sens, etc. — Douze dessins à la mine de plomb, représentant des enfants.

ZELGER

40 — Paysages de la Suisse. — Deux aquarelles signées. Encadrées.

GRAVURES

AUGRAND

41 — L'Instruction. — La Prière, d'après Busset. Deux pièces faisant pendants, imprimées en couleurs.

BAUDOUIN (D'après)

42 — Rose et Colas, par Simonet. — Les Cerises, par Ponce. Deux pièces.

BIGG (D'après)

43 — La Dame charitable, gravée par Bonnefoy. — Un Jeune Matelot racontant son naufrage, gravé par Duthé. Deux pièces imprimées en couleurs.

BOILLY

44 — L'Économie domestique. — Le Cabaret. — A la santé de la Garde Nationale. Trois lithographies originales.

BOILLY (D'après)

45 — Première scène de voleurs. — Seconde scène de voleurs. Deux pièces faisant pendants, gravées par Gror.

46 — Ça ira, gravé par Mathias. Épreuve avant la lettre.

47 — Les Conseils maternels, gravés par Tresca. Très belle épreuve.

48 — Réunion d'Artistes. — La même planche, servant de clé. Deux pièces, gravées par A. Clément.

49 — La Surprise, gravée par Honoré. Belle épreuve. Remargée.

BONNET

50 — Vénus, d'après Boucher, gravée pour imiter le pastel, imprimée en couleurs.

51 — La Coquette. Belle épreuve imprimée en couleurs. Encadrée.

52 — Le Marchand d'orviétan de campagne, d'après Carême. Imprimé en couleurs. Encadré.

BOUCHER (D'après F.)

53 — La Courtisane amoureuse, par de Larmessin. Belle épreuve. Cadre en bois sculpté et doré.

54 — Le Berger Napolitain. — Chasse aux canards. — Vue d'après nature, etc. Quatre pièces, gravées par Basan, Chédel et Daullé.

55 — Le Retour de chasse. — Quos ego... Sed motos, etc. — La Poésie épique. Cinq pièces, gravées par Duflos, Huquier et Taillard.

BOUCHER (D'après F.)

56 — La Petite Fermière. — La Cornemuse. — Diplôme de Loge maçonnique, etc. Cinq pièces.

57 — Le Pêcheur. — L'Été, L'Hiver, etc. Quatre pièces, gravées par Duflos.

58 — Livre des arts. Suite complète de six planches, gravées par Hertel.

CARICATURES

59 — Une Heure avant le concert. — Une Heure de retard pour le concert. Deux pièces faisant pendants, en couleurs.

60 — Rencontre d'Anglais à la promenade. — Les Nouvellistes du matin. — Milord Court visitant les Landes, etc. Dix pièces différentes, toutes en couleurs.

61 — Douze pièces diverses, relatives aux lutrins, étrennes, ménages, etc. Toutes en couleurs.

CARICATURES ANGLAISES

62 — Dandies and Dandizettes. — Dandies dressing. — Progress of toilet. Six pièces en couleurs concernant l'habillement.

63 — Curiosities and monstruosities for the year 1822. — The monkey room in the tower. — Frailties of fashion, etc. Sept pièces en couleurs, très curieuses.

64 — Swearing a bastard child. — Madame Very, restaurateur au Palais-Royal. — A table d'hote or a french ordinary in Paris, etc. Six pièces en couleurs.

CHAMPOLLION

65 — Les Amusements de l'île de Cythère, d'après WATTEAU. Très belle épreuve. Encadrée.

COSTUMES

66 — Gravures relatives aux coiffures. Six pièces.

COSTUMES MILITAIRES

67 — H. Bellangé. L'Armée française. Vingt lithographies en couleurs.

68 — Saint-Fal. Costumes militaires étrangers. Huit pièces en couleurs.

DEBUCOURT

69 — Intérieur d'une salle à manger. Gravé d'après le tableau de DROLLING. Belle épreuve. Encadrée.

70 — Le Gourmand. Belle épreuve en couleurs, légère déchirure en haut. Cadre en bois sculpté.

71 — La Route de Poissy. — Route de Poste. Belles épreuves en couleurs, d'après VERNET. Encadrées.

72 — Le Cosaque galant. — La Marchande de coco, d'après CARLE VERNET. Belles épreuves en couleurs. Encadrées.

DESCOURTIS

73 — Paul et Virginie. Deux pièces faisant pendants, imprimées en couleurs, d'après SCHALL.

DIVERS

74 — Vieux papiers de couleurs. Une trentaine de feuilles.

DREVET (P.)

75 — Louis-Auguste de Bourbon (F. D. 60). — Chr. de Guldenleu (71). — L. de Lamet, curé de Saint-Eustache (82). Trois pièces. Belles épreuves.

DREVET (Pierre-Imb. et Claude)

76 — Claude Le Blanc, sec. d'État (F. D. 23). — Dom Denis de Sainte-Marthe, historien (30). — P. Calvairac, abbé de Pontigny (8). Trois pièces.

DROUAIS (D'après)

77 — Madame Du Barry, gravée par Beauvarlet. Titre découpé. Cadre ancien.

DUBUFE (D'après)

78 — La Surprise, par Reynolds. — La Toilette, par Maille, avant la lettre. Deux pièces.

ÉCOLE ANGLAISE

79 — Peggy and Patie. — Peggy and Jenny. Deux pièces faisant pendants, gravées par Playter, imprimées en couleurs. Encadrées.

80 — Cléopâtre. — Didon. Deux pièces imprimées en couleurs, faisant pendants. Encadrées.

81 — Le Colin-Maillard, d'après Aug. Kauffmann. — Nymphes, Satyres, imprimés en bistre. Deux pièces.

82 — Costumes, d'après Bunbury. — Abélard, Éloisa, d'après Gardner. — Beauteous emblem, par Bartolozzi. Quatre pièces.

83 — Éducation, par E. Crewe. — The ballad Singers, par White-Peace, etc. Cinq pièces.

84 — The english girl, d'après Newton. — The stay maker, d'après Hogarth. — Dévotion, d'après Cosway, etc. Quatre pièces.

ÉCOLE FRANÇAISE

85 — L'Agréable Surprise. — Le Berger galant. Deux pièces ovales en couleurs.

86 — Sacrifice en l'honneur de Jupiter. — Fête en l'honneur du dieu Pan. — Divertissements à la manière des anciens. Pâris reçoit Hélène des mains de Vénus. Quatre pièces en forme de frises, faisant suite, imprimées en camaïeu.

87 — L'Accident. Épreuve imprimée en couleurs avant la lettre. Rare.

88 — Bacchante. — Bénérice. — Deux jolis portraits de Jeunes Filles, de profil, imprimés en couleur. Faisant pendants.

89 — Euterpe, par Villeneuve. — Le Joli Négligé, par Briceau. — Éliza, par Rider. Trois pièces imprimées en couleurs.

90 — Terpsichore. — Erigone. Deux pièces faisant pendants, gravées par Simon, imprimées en couleurs.

91 — Tête d'Enfant, gravée par Bertrand. — L'Amabilité, par Simon. Deux pièces imprimées en couleurs.

92 — Foire de Venise, par Le Bas. — Ni l'Un, ni l'Autre, d'après Desora, imprimé en couleurs, etc. Quatre pièces.

93 — L'Hiver, par Tournières. — La Peinture, par Duflos, etc. Quatre pièces.

94 — Le Lacet raccourci, pièce ovale. — L'Hiver, par Jazet. — L'Heureuse Famille, avant la lettre. Trois pièces.

ÉCOLE FRANÇAISE

95 — La Laitière et le Pot au Lait, d'après Gillot. — Pan et Syrinx, d'après Mignard. — Le Goûté, d'après Jeaurat, etc. Quatre pièces.

96 — Lise s'en va changer d'humeur, etc. — Sais-tu d'où vient, etc. — Le Joueur de musette, etc. Cinq pièces.

97 — La Réconciliation, d'après Queverdo. — Diane et Endimion. — Amour d'après Clermont, etc. Six pièces.

98 — Louis XV, par Bonnet, imprimé à la sanguine. — Mort de Léandre, d'après Delorme, par Laugier. Deux pièces.

99 — La Romance, par Legrand. — La Toilette de la mariée, par Tassaert, etc. Trois pièces.

100 — Armide, d'après Restout. — Le Soir, par Regnault, etc. Trois pièces.

101 — La Matinée au bois de Romainville. — L'Après-midi des Prés-Saint-Gervais. Deux pièces faisant pendants, gravées par Benoist, d'après Corbet.

102 — Deux jolies petites pièces rondes : Portraits de Femmes, imprimées en couleurs.

ÉCOLE HOLLANDAISE

103 — L'Amour enfant, d'après Rubens. — La Jardinière, d'après Myéris, etc. Trois pièces, par Basan et Surugues.

104 — La Double Surprise. Deux pièces, d'après G. Dow, par Moitte et Beauvarlet.

ÉCOLE HOLLANDAISE

105 — Le Concert, d'après Jordaens, par Bolswert. — La Querelle, par Suyderhof, d'après Ostade. Deux pièces.

FRAGONARD (D'après)

106 — Belphegor. — Le Paysan qui avait offensé son seigneur. — La Matrone d'Ephèse, etc. Six pièces, gravées par Delignon, Dupréel, Patat, etc. Belles épreuves, grandes marges.

107 — Onze pièces, gravées par Henriquez, Gaucher, d'après des dessins faits en Italie.

GARNIER (D'après)

108 — Le Passage du ruisseau. Belle épreuve en couleurs, gravée par Petit. Cadre doré.

GÉRARD (D'après Mlle)

109 — Le Présent. — Je m'occuperai de vous. Deux pièces faisant pendants, gravées par Vidal.

GIRODET (D'après)

110 — Les Amours des Dieux. Recueils de compositions dessinées par Girodet, et lithographiées par Aubry le Comte, Chatillon, Counis, etc., avec un texte explicatif, rédigé par M. Coupin. Quinze lithographies imprimées sur chine.

GREUZE (D'après)

111 — La Malédiction paternelle. — Le Fils puni. Deux pièces faisant pendants, gravées par Gaillard. Une portant au dos les signatures des artistes.

GREUZE (D'après)

112 — Le Paralytique servi par ses enfants. — Le Testament déchiré. Deux pièces, gravées par Flilipart et Levasseur. Une portant au dos les signatures des artistes.

HOIN (D'après)

113 — L'Écueil de la sagesse, par De Mouchy. Encadré.

HUET (D'après)

114 — Le Retour de la chasse, gravé par Ruotte. Belle épreuve imprimée en couleurs. Encadrée.

115 — L'Amour dévoile les yeux de l'innocence. — L'Innocence reçoit de l'Amour deux Colombes. Deux pièces faisant pendants, gravées par Wolff.

116 — Thétis écoute Protée, etc., gravé par Bonnet, imprimé en couleur. Belle épreuve. Encadrée.

117 — Triomphe de Jupiter. — Léda au bain. Deux pièces faisant pendants, gravées par Gabriel et Chaponnier, imprimées en couleurs.

JACQUET (J.)

118 — 1814, d'après Meissonier. Très belle épreuve. Encadrée.

JANINET

119 — Vue des ruines de l'aqueduc d'Adrien. — Vue de ruines, d'après Boucher. Imprimées à la sanguine.

LAFONTAINE

120 — Pièces pour illustrer La Fontaine, par SUBLAYRAS, CAQUET, SCHALL, etc. Neuf pièces.

LANCRET (D'après)

121 — Le Jeu de pied de bœuf, gravé par DE LARMESSIN. Encadrée.

122 — Les Remois, gravé par DE LARMESSIN. Belle épreuve. Encadrée.

LAVREINCE (D'après)

123 — La Marchande à la toilette, par VIDAL. Belle épreuve. Encadrée.

124 — La Balançoire mistérieuse, gravée par VIDAL. Marges. Belle épreuve. Encadrée.

LE BARBIER (D'après)

125 — Cincinnatus recevant les ambassadeurs de Rome. — Virginie et Icilius. Deux pièces, grand in-folio, gravées par AVRIL. Encadrées.

LE BEL (D'après)

126 — La Fidélité en défaut, gravée par HEMERI. Encadrée.

LOUIS XVI (Pièces relatives à)

127 — Louis XVI, buste de profil à gauche, 8°, imprimé en couleurs. Cadre bois sculpté et doré.

LOUIS XVI (Pièces relatives à)

128 — Huit portraits différents de Louis XVI.

129 — Six portraits différents de Louis XVI et la famille royale.

130 — Elisabeth de France. — Marie-Jeanne-Louise de Savoie. — Marie-Josephe de Savoie. — Princesse de Lamballe, etc. Sept pièces.

131 — Marie-Thérèse-Charlotte à cheval.— Louis XVIII, manière noire, par Chesham, etc. Sept pièces.

132 — Madame le Princesse de Lamballe. — Cinq Costumes pour la sacre de Louis XVI. — Arrêt du Parlement de Paris, etc. Quatorze pièces.

133 — Hélas! voyez, gravé par Bartolozzi, d'après de Rigny. — The last interwiew of Louis XVIth, gravé par Ryder, d'après Du Puis. — Louis XVI, Marie-Antoinette et Louis XVII, gravé par Ruotte. Trois pièces.

134 — Clefs de gravures. Quatre pièces.

MARTINI (G.-A.)

135 — Coup d'œil exact de l'arrangement des peintures au Salon du Louvre en 1785. — Exposition au Salon du Louvre en 1787. Deux pièces faisant pendants.

MOITTE (D'après)

136 — Le Jaloux endormi, par Vidal. Encadré.

MONSIAU (D'après)

137 — Six pièces pour illustrer le Lutrin, etc., gravées par Patas. Belles épreuves.

MORLAND et SINGLETON (D'après)

138 — Industry and œconomy. — Fruits of early industry and œconomy. Deux pièces faisant pendants, gravées par Darcis. Encadrées.

NANTEUIL (R.)

139 — J.-B. Budes, comte de Guebriant (R. D., 124). — J. Le Coigneux, président à mortier (125). — J.-F. Sarrasin (220). Trois pièces.

PARIS (Vues de)

140 — Graphic illustrations of the most prominent features of the french capital. Suite complète de douze vues et de douze pages de texte.

141 — Vingt pièces relatives à l'histoire de Paris.

142 — Vingt pièces relatives aux portes Saint-Denis, Saint-Martin, les boulevards, etc.

143 — Vingt pièces relatives au Palais-Royal et aux Tuileries.

144 — Trente pièces, par Isreal Sylvestre.

145 — Quarante pièces relatives au Louvre, Palais de Justice, Luxembourg, etc.

146 — Soixante-cinq pièces, par différents artistes.

RAFFET

147 — Le Réveil (G. 85). — La Revue nocturne (G. 429). Deux pièces.

RAMBERG

148 — La Joconde. — La Jument de compère Pierre. Deux pièces faisant pendants, ovales, en couleurs.

RAPHAEL (D'après)

149 — La Foi. — L'Espérance. — La Charité. Trois pièces faisant suite, gravées par Henry, imprimées en couleurs.

RUOTTE

150 — La Fille grondée. Épreuve imprimée en couleurs, avant la lettre.

SANGUINES

151 — Apothéose, d'après Boucher, par Demarteau (205). — Femme du Levant, d'après Boucher. Très belles épreuves, avec marges.

152 — Buste de Jeune Fille. — Coiffure, d'après Janinet, etc. Cinq pièces.

153 — Tête de Finoise, par Bonnet, sur papier bleu. — Étude, d'après Eisen. — L'Enfant qui pleure, par Bonnet, etc. Six pièces.

154 — Tête de Vénus. — Vestale allant faire son offrande, etc. Trois pièces, gravées par Massat et Bonnet.

155 — Paysages, d'après Boucher et Weiroter, gravées par Gilberg et Pariset. Deux pièces.

156 — Têtes de Jeunes Filles, d'après Leclerc et Clément, gravées par Bonnet. Trois pièces.

SANGUINES

157 — Vénus et l'Amour. — Jupiter et Léda. Deux jolies pièces ovales, faisant pendants, gravées d'après Le Barbier.

158 — Paysages, dessinés d'après nature, gravés par Lucien, d'après Clermont. Deux pièces faisant pendants.

159 — Paysages, dessinés par Clermont, gravés par Lucien. Deux pièces faisant pendants.

SCHENAU (D'après)

160 — Les Intrigues amoureuses, gravées par Halbou. Belle épreuve. Encadrée.

SICARDI (D'après)

161 — Ah! quel plaisir. — Oh! quelle douleur. Deux pièces faisant pendants. Belles épreuves, grandes marges.

SPORT

162 — Rarus, the king of trotters. — Lady Thorn, formely Maid of Ashland. Deux beaux portraits de chevaux trotteurs, publiés en Amérique.

163 — Dexter. Ethan Allen and mate as they appeared at Marristown july the 4 th 1867 for a purse of $ 3,500. Belle pièce, en couleurs, publiée à New-York.

164 — First at the fence. — Taking the lead, gravé par Hester, d'après Barber. Deux pièces faisant pendants, en couleurs.

SPORT

165 — Ladies mile. — Well done. Deux belles pièces, en couleurs, faisant pendants, gravées par Hunt, d'après Turner.

166 — Leicestershire. Quatre belles pièces, en couleurs, faisant suite, reproduisant une chasse à courre, par Dean Paul.

167 — Cairnach. — Boz. Deux pièces faisant pendants, gravées d'après Landseer.

168 — At bay. — Marmozettes. Deux pièces faisant pendants, gravées par Mottram et Th. Landseer, d'après Sir Ed. Landseer. Belles épreuves, grandes marges.

169 — The peregrine falcon. — The hawk. Deux pièces faisant pendants, gravées par Lewis, d'après Landseer.

THÉATRE (Pièces relatives au)

170 — Trois petites pièces de forme ronde pour illustrer une « Folle journée », gravée par Mauclair et Béguinot, d'après Garneray et Dnavell.

TORTOREL ET PERRISIN

171 — L'Exécution d'Amboise. — Retraite de la Bataille de Dreux. — La Paix faite en l'Ile aux Bœufs, près Orléans, le 13 mars 1563, etc. Six pièces.

VERNET (C.)

172 — Les Effets du magnétisme... animal. — Les Chiens en défaut. — Concert d'amateurs, etc. Quinze pièces.

VERNET (D'après J.)

173 — Première et seconde vues de l'isle Barbe au milieu de la Saône. — Vue de la ville d'Avignon. Trois pièces, gravées par Martini et Le Bas.

VERNET (D'après)

174 — Le Port-Neuf ou l'arsenal de Toulon. — Le Port-Vieux de Toulon. — La Ville et la rade de Toulon, etc. Trois pièces faisant suite, gravées par Cochin et Le Bas.

175 — L'Entrée du Port de Marseille. — La Madrague ou la pêche du Thon. — Le Port d'Antibes. — Le Port de Cette. Quatre pièces, gravées par Cochin et Le Bas.

176 — Vues de la ville et du port de Bayonne. Deux pièces faisant pendants, gravées par Cochin et Le Bas. Belles épreuves.

177 — Vue de la ville et du port de Bordeaux. — Le Port de Rochefort. — Le Port de la Rochelle. Trois pièces, gravées par Cochin et Le Bas.

178 — Vue proche de Gênes. — Isles de l'Archipel, etc. Cinq pièces, gravées par Baléchou, Godefroy, Nicollet, etc.

VIGNETTES

179 — Sous ce numéro, seront vendues un grand nombre de vignettes, d'après Moreau le Jeune, Boucher, Marillier, etc., propres à illustrer des ouvrages de Rousseau, Voltaire, La Fontaine, etc. (Ce lot sera divisé.)

WATTEAU (D'après)

180 — Les Amusements de Cythère, gravés par SURUGUES (G. 35). Très belle épreuve, grandes marges.

181 — L'Enlèvement d'Europe, gravé par P. AVELINE (G. 39). Épreuve avant la lettre.

182 — Le Triomphe de Cérès, gravé par CRESPY (G. 43). Belle épreuve, marges.

183 — Départ de garnison, gravé par BAVENET (G. 59). Belle épreuve.

184 — Le Théâtre. — La Déesse. — Le Temple de Diane. Trois pièces, gravées par HUQUIER (G. 251-252, 279).

WESTALL (D'après)

185 — Girls and Pigs. — A boy minding his net. — The little domestic. — A boy angling. Quatre pièces encadrées faisant suite.

WOLFF (D'après)

186 — La Douceur, imprimée en couleurs. Jolie pièce ovale.

187 — La Douceur. — L'Amitié. Deux pièces ovales, faisant pendants, imprimées en bistre.

www.ingramcontent.com/pod-product-compliance
Ingram Content Group UK Ltd.
Pitfield, Milton Keynes, MK11 3LW, UK
UKHW020538180726
13839UKWH00006B/2590